NOTICE

SUR M. PAQUER,

MÉDECIN-VÉTÉRINAIRE

ET PROFESSEUR D'ÉQUITATION A NANTES.

———

LECTURE FAITE A LA SOCIÉTÉ ACADÉMIQUE DE NANTES.

NANTES,
IMPRIMERIE DE CAMILLE MELLINET.
—
1842.

NOTICE SUR M. PAQUER,

MÉDECIN-VÉTÉRINAIRE

ET PROFESSEUR D'ÉQUITATION A NANTES.

LECTURE FAITE A LA SOCIÉTÉ ACADÉMIQUE DE NANTES

M. Pâquer (Simon), médecin-vétérinaire et professeur d'équitation, né à Nantes le 1.er mai 1779, dans cette année où Louis XVI agrandissait l'instruction de l'école d'Alfort, est mort dans sa ville natale, le 18 mai 1842.

On peut dire que M. Pâquer apprit sa profession en naissant : son père, maréchal-vétérinaire, comme celui de J.-B. Huzard, avait le dépôt des étalons : le jeune Pâquer fut donc initié, dès le bas âge, à la science pratique, et le goût de l'équitation devint pour lui une passion qu'il a toujours conservée. Il se plaisait, enfant,

à monter les étalons dont on osait à peine approcher, et
qui semblaient le prendre en une sorte d'affection. C'est
là qu'il observa ce qui a souvent et également frappé
tous les hommes de cheval, l'espèce de complaisance
des chevaux pour les enfants, cette complaisance qui se
montre presque constamment dans les autres animaux,
notamment dans les chiens. Le cheval craint de faire du
mal à un enfant, il évite de le froisser, il ne s'irrite jamais avec lui, il lui pardonne ses malices, et ne cherche
point à s'en défendre, à moins qu'il ne voie de la brutalité dans ses attaques. Le cheval devine-t-il la faiblesse
dont il n'a rien à redouter? Lui inspire-t-elle la confiance
qui lui fait dédaigner celui qu'il ne peut craindre? Je le
croirais volontiers, par assimilation, après m'être toujours
étonné comment tel cheval fougueux sous un homme,
devient d'une excessive douceur quand il est dirigé par
une femme, dont la main légère, cette main délicate qui
craint d'offenser ce qu'elle touche, le conduit à son
gré.

Certes, cet exemple est une grande leçon en équitation : c'est que, selon l'expression traditionnelle, *un bon
cheval se mène bien plus par filet de soie que par rudes
camorres.*

Ces premiers exercices, seul amusement de la jeunesse
de M. Pâquer, eurent beaucoup d'influence sur son ave-
nir. Habitué à vivre seul, à trouver ainsi, enfant, des
plaisirs loin des autres enfants; jeune homme, une passion paisible loin du contact qui fait naître les passions
ardentes; cet isolement l'habitua à la méditation dès le
bas âge. Il reconnut que la dureté irrite les chevaux,

les rend plus difficiles, leur ôte leur souplesse par suite de la roideur qu'ils opposent à leurs cavaliers, leur défense devenant alors plus dangereuse, et que le plus sûr moyen de les maîtriser est de leur inspirer la confiance.

On voit, dès les premiers pas de M. Pâquer, comment il se fit une sorte d'habitude de se rendre compte de tout, et comment il eut toute sa vie cette réserve réfléchie qui était un de ses caractères distinctifs.

De déduction en déduction et à mesure qu'il avança en âge, il se convainquit qu'on ne peut être écuyer, si l'on n'est pas à même de s'expliquer tous les mouvements du cheval; afin de n'avoir aucune incertitude dans la provocation de ces mouvements. Il se livra donc avec persévérance à l'étude de l'anatomie, en la considérant comme le moyen de faire mouvoir le cheval sans risque pour sa solidité. Comme son père, fort intelligent, lui avait fait donner une bonne éducation, M. Pâquer s'initia promptement à toutes les connaissances hippiques. Par un double mérite, fort rare encore, il devint à la fois un excellent écuyer et un bon vétérinaire, à la suite des cours qu'il suivit à Alfort, et des leçons d'équitation qu'il reçut à Nantes de M. de Grammont, ex-écuyer du régiment de Noailles.

C'en fut assez pour le faire appeler à la direction des écuries du roi de Westphalie, lors de la création de ce royaume napoléonien, en 1807. Il fut chargé des achats de chevaux, de les dresser et des soins à leur donner : la Westphalie lui doit une notable partie des améliorations de ses haras.

Mais Napoléon, qui faisait et defaisait des rois, comme

notre monarchie représentative fait et défait des préfets , s'ingérait dans leurs gouvernements comme dans son administration départementale, et, par suite d'un caprice impérial, M. Pâquer rentra en France.

Il prit à Nantes l'établissement de son père, où l'avait précédé son frère, comme lui élève d'Alfort, et ex-sous-officier au 12.ᵉ hussards. M. Pâquer fut à la fois le professeur de l'École d'équitation , le vétérinaire et le marchand de chevaux du bel établissement du Cours Saint-André, acquis ensuite par M. Juvenel, son beau-frère, qui a donné au commerce des chevaux, à Nantes, une extension considérable, dont l'influence n'a pas peu contribué à l'amélioration de la race dans ce département.

Comme écuyer, M. Pâquer avait les qualités les plus désirables pour cette profession. Il possédait un sang-froid que rien ne pouvait lui faire perdre dans les positions les plus périlleuses. Ce n'était pas cette timidité, que devine trop facilement le cheval et qui le rend si promptement le maître du cavalier ; c'était cette froideur réservée, patiente, réfléchie, prévoyante, qui, ne rendant jamais le cheval victime de la mauvaise humeur ou de l'emportement du cavalier, et parfois de sa brutalité, étudie ses mouvements, les prévoit, les arrête, les calme pour les rendre moins dangereux, et saisit le moment de le dominer, en obtenant cette domination par la supériorité de l'intelligence beaucoup plus que par la rigueur, qui ne réussit que par intervalle, et qui, d'ailleurs, dresse un cheval pour l'écuyer vigoureux et non pour le cavalier ordinaire. Un professeur d'équitation n'est pas un piqueur d'écurie.

Quand je parle de l'intelligence de l'écuyer, il est bien entendu que c'est l'intelligence de l'esprit éclairé par le savoir. Celle qui dompte un cheval par l'emploi raisonné de son mécanisme, cette intelligence supérieure qui a fait deviner au génie de Baucher la méthode immanquable de dompter tous les chevaux, par *la domination complète de leurs forces en annulant toutes les résistances* (1); cette méthode qui a fait dire récemment au comte de Lancosme Breves : « L'équitation est la représentation des lois qui régissent la puissance du cheval. »

Un cheval dressé par M. Pâquer pouvait être monté par tout cavalier qui avait l'usage du manége. J'en excepte, toutefois, un seul animal, dont la réputation restera longtemps en honneur à Nantes : c'était une petite jument du nom de *Paysanne*, d'un aspect commun, et qui, avec d'immenses moyens devinés par M. Pâquer sous une charge de vendanges, dans une ferme de M. Esmein, fut dressée avec une telle finesse d'aides, que tout défaut d'accord dans celui qui la montait, la rendait impossible à conduire. Mais aussitôt que le cavalier mettait ses leviers en équilibre, elle répondait à tout, elle exécutait tout ce que

---

(1) M. Gachet, et ensuite MM. Foucault, professeurs d'équitation à Nantes, ont successivement appliqué la même méthode dans leurs leçons, à laquelle M. Eugène Foucault s'est initié sous les yeux mêmes et avec les conseils de M. Baucher.

les chevaux les plus renommés ont exécuté dans nos
manéges, aux applaudissements du public.

J'insiste sur ce sujet, futile en apparence, et dont
l'excuse sera dans la spécialité de cette notice, parce
que M. Pâquer attachait un grand intérêt à *Paysanne*.
Lorsque vous parliez de *Paysanne* à M. Pâquer, vous
le rajeunissiez de vingt ans. Ce n'était pas chez lui la
vanité de posséder un animal dressé à des exercices
surprenants : une pensée plus féconde inspirait cette
vanité; car le clinquant, le brillant, la parure extérieure
n'étaient pas de mise chez M. Pâquer, qui apportait en
toute chose, dans son costume comme dans ses actions,
une extrême simplicité, avec la répugnance la plus prononcée contre tout apparat. *La gloria del cavallo*, la
gloire d'avoir dressé *Paysanne*, car c'en était une pour
M. Pâquer, consistait dans la démonstration évidente
qu'après un long service, service très-pénible dans des
exercices qui exigent l'emploi de toutes les forces mus-
culaires, un cheval bien dressé se conserve plus sain,
plus net que le cheval maintenu dans un repos fatal.
Paysanne, parvenue à un âge avancé sans une seule
tare, offrait donc la preuve incontestable des avantages
de l'équitation, qui peut obtenir d'un cheval tout ce qu'on
peut en exiger sans le ruiner, sans nuire à ses aplombs,
à la sûreté de sa marche. Loin de là, *Paysanne*, toujours en route pour les nombreuses courses de M. Pâquer, comme vétérinaire du département, reparaissait
au manége aussi vigoureuse, aussi ardente, aussi flexi-
ble, aussi bien disposée, aussi pleine de gaieté qu'à la
sortie de l'écurie. C'est que, dans ces routes, l'habileté de

l'écuyer avait ménagé les forces de l'excellente jument.

On conçoit que M. Pâquer tenait en grande estime les cavaliers qui avaient monté *Paysanne* avec justesse; car, suivant son expression, elle donnait elle-même la leçon, et l'expression était vraie. M. Pâquer, d'habitude si réservé, si peu communicatif, disant à peine quelques paroles dans une conversation, devenait expansif avec les cavaliers de sa prédilection : il lui semblait qu'après avoir monté *Paysanne*, on s'était identifié à l'écuyer qui l'avait si bien dressée.

Vous pardonnerez donc, Messieurs, à mon amour-propre équestre, lorsque je confesserai très-vaniteusement que je fus au nombre des amis de M. Pâquer du jour où j'eus monté *Paysanne*, oui, Messieurs, à mon amour-propre, si ce n'était pas toutefois un hasard heureux, car beaucoup échouèrent dans cette redoutable entreprise qui était la pierre de touche de M. Pâquer en équitation. Or, je me rappelle toujours que l'un de nos plus célèbres écuyers y échoua. Homme de cheval, tout pratique, hardi, entreprenant et ne redoutant aucun animal, mais n'ayant pour lui que l'équitation instinctive, dressant les chevaux à sa façon, trop souvent en forçant leur nature, plutôt que par la déduction raisonnée de leurs forces et de leurs moyens, cet écuyer, toujours rude, ou au moins trop prompt dans l'attaque des chevaux qu'il montait pour la première fois devant les témoins qu'il voulait toujours éblouir, ne comprit pas l'excessive et nerveuse sensibilité de *Paysanne*, à la fois intelligente et têtue comme toute sa race, humaine et chevaline. *Paysanne* lui résista. Ce fut un combat et un combat réel entre le grand écuyer et la petite bretonne : malgré sa solidité éprouvée, l'écuyer ne l'emporta pas ; il ne fut pas jeté sur le terrain poudreux du manége, où jamais il n'était tombé, mais il ne put rien obtenir de *Paysanne* qui, malgré les violents efforts employés contre elle, fut constamment désordonnée ou immobile. D'abord ce fut le désordre, pour se débarrasser de l'écuyer par des bonds successifs, des contre-temps à démonter tout autre cavalier ; puis, après ces tentatives inutiles, ce fut l'inertie. Résistant aux châtiments les plus cruels, *Paysanne* ne bougea plus : la roideur de son encolure devint un obstacle invincible pour celui qui, dans cette circonstance, avait méconnu, pour la première fois sans doute, cette comparaison d'un vieux maître : « L'animal à quatre jambes qu'on appelle cheval, est comme un instrument à quatre cordes, lequel, sans être accordé, ne peut jamais être joué juste. » Le grand écuyer n'avait pas accordé *Paysanne*.

La lutte était, je vous assure, un spectacle fort curieux : la figure, ordinairement si froide de M. Pâquer, était rayonnante. Tout son aspect révélait la même émotion : il se frottait les mains, il lançait le mot malin.

La scène se passait au cirque du Chapeau-Rouge, acquis par M. Pâquer, et qu'il fit transporter depuis sur le quai d'Erdre. A moi seul, je formais le public : on me faisait l'honneur de me compter pour quelque chose, quand il s'agissait de chevaux.

Fatigué, harassé, convaincu forcément de son impuissance, sans l'avouer, l'écuyer met pied à terre, et, d'un coup de cravache, vigoureusement appliqué, renvoie, jusqu'à l'extrémité du manége, *Paysanne*, qui n'était pas d'humeur à tolérer une insulte. Après une ruade, heureusement sans portée, elle revenait au galop, en se dirigeant sur son adversaire, et en lui montrant des dents fort mal disposées pour lui, lorsque M. Pâquer intervient : son regard suffit pour contenir l'irritation de *Paysanne* et pour l'arrêter subitement. Il se place à sa gauche, il ajuste moelleusement et négligemment les rênes : l'intelligente jument se calme : elle a reconnu la main du maître, comme elle avait reconnu son regard ; sa bouche, tout-à-l'heure sèche de colère sous une main de fer, tandis que son corps tremblait sous des jambes d'acier, tant l'impatience avait roidi tous les aides du cavalier, retrouve l'écume qui blanchit son mors, ce témoignage évident de la bonne condition du cheval ; elle s'allonge, elle semble essayer sa souplesse pour s'assurer qu'elle ne l'a pas perdue dans sa récente défense : on croirait qu'elle devine le triomphe qu'elle prépare ; seulement, pendant que ses oreilles sont dans les deux directions opposées qui révèlent un reste d'appréhension, ses yeux expressifs suivent inquiets tous les mouvements de l'écuyer qu'elle semble menacer encoré. En effet, celui-ci se promène avec agitation, en jetant à *Paysanne* des mots de mépris, qui sont une petite vengeance.

M. Pâquer, sans s'émouvoir, s'enlève lentement sur l'étrier, il se pose doucement en selle ; l'action de sa main se fait progressivement sentir : *Paysanne* est en équilibre, elle ne s'appartient plus : elle le sait, et frémit de la domination qu'elle éprouve : vous le devinez au bruit de ses *dents qui cassent la noisette,* expression de l'école qui atteste que le cheval va vous donner tout ce que vous lui demanderez, sans que la contrainte se montre dans ses mouvements, tant il semblera agir avec la plus complète liberté, car *Paysanne,* comme le veut le proverbe, a *bon pied, bon œil, bon jarret, bonne eschine.*

M. Pâquer s'assied, et la petite bretonne se grandit. Elle est vraiment belle et fière, alors, avec sa tête carrée, au front large et ample, aux yeux ardents, aux oreilles courtes et effrontées qui vous menacent comme des queues d'aspic (suivant l'expression du pays), aux naseaux fumants et en feu, qui font contraste avec l'écume qui jaillit de sa bouche mouvante, pendant que sa queue onduleuse bat ses flancs noirs, tout parsemés de ces épis, qui sont des gages de vigueur, et, comme disaient jadis nos-preux, *signe de courage, franc, pur et guerrier.* Vous ne reconnaissez plus la petite *Paysanne* de notre Bretagne, dont elle avait naguère le rustique aspect ; vous croyez retrouver, sauf la taille, l'ancien destrier de guerre et de tournois des chevaliers renommés du moyen âge, avec son garrot élevé, son encolure si bien fournie sous ses deux faces accrues de l'épaisse et longue crinière, son rein court que soutient une charpente balancée sur des jarrets solides et sur des aplombs parfaits.

Une exclamation d'enthousiasme m'échappe, en rompant le silence qui règne dans la vaste enceinte : surprise, *Paysanne* veut s'élancer ; mais M. Pâquer ne se laisse ni surprendre, ni emporter ; le mot *holà!* ce mot si connu des hommes de cheval suffit pour retenir *Paysanne* : une main habile rend et reprend pour laisser à la fougueuse jument toute la liberté dont elle a besoin sous la domination même qui la subjugue, afin d'exécuter tout ce que va lui demander cette domination, impérieuse dans son adresse réfléchie, adresse gouvernementale souvent plus puissante que la force dans les monarchies absolues comme dans les pouvoirs représentatifs. C'est ce qui a fait dire jadis que, pour être bon roi, il fallait savoir monter à cheval, afin d'avoir appris à se dompter soi-même pour mieux dompter les autres, à leur insu, en leur laissant la vanité de la croyance de leur liberté. Donc *Paysanne* se croyait libre, et M. Pâquer, vraiment heureux, était roi, le roi de *Paysanne*, peut-être plus difficile à gouverner qu'une nation tout entière. Comme si *Paysanne* se dirigeait elle-même, il parcourt le manége dans tous les sens, sur une et sur deux pistes, à toutes les mains, sans rompre un seul instant cette cadence qui révèle la perfection du cheval dressé. Dans sa marche sentie et moelleuse, *Paysanne* a ce poser élégant qu'on ne remarque ordinairement que dans le cheval de sang qui, par l'aisance de ses articulations, n'atteint jamais la terre par un à-coup. M. Pâquer termine par un passage et par un piaffer, pendant lesquels je me redisais tout bas ces vers du vieux poète du Bartas :

> Alors il l'amadoue, et, cousu dans la selle,
> Recherche, ambitieux, quelque façon nouvelle,
> Pour se faire admirer. Or, il le mène en rond,
> Tantost à reculons, tantost de bond en bond ;

Le fait balser, nager, puis faire la jambette,
La gaye capriole et la juste courbette.
Il semble que tous deux n'ont qu'un corps et qu'un sens
Tout se fait avec ordre, avec grace, avec temps :
L'un se fait admirer par son rare artifice,
Et l'autre nous fait voir, dans son bel exercice,
Légèrté sur l'arrest, au pas agilité,
Gaillardise au galop, au manîment seurté,
Appui doux à la bouche, au saut forces nouvelles,
Assurance à la teste, à la course des aîles.

Puis M. Pâquer arrête immobile. Il a mis pied à terre, sans sortir du flegme qui ne l'a pas quitté ; il a laissé *Paysanne* allongée à la place où il est descendu, et son silence imperturbable n'est pas même rompu pour répondre aux félicitations de celui sur lequel il l'emporte....

Pardon, Messieurs, de cet épisode : mais c'est un des côtés les plus ressemblants du portrait du collègue que nous avons perdu. Pour qui l'a bien connu, on ne pouvait pas séparer *Paysanne* de M. Pâquer. Montée ou démontée, elle était indissolublement liée à son maître. D'ailleurs c'est un souvenir d'émotion pour un homme de cheval : vous me le pardonnerez donc.

M. Pâquer n'avait qu'un défaut relativement aux chevaux : il comprenait mal les courses et les chevaux de sang. Contre son ordinaire, il était fort incertain à ce sujet. Tantôt il les louait, tantôt il les critiquait, suivant ses impressions diverses. C'est qu'il ne les avait pas considérées dans leur grand principe, c'est-à-dire comme le moyen, l'unique moyen d'éprouver les bons producteurs, au risque de ruiner quelques animaux défectueux. Il ne voyait que la ruine, et il s'étonnait, lorsque je lui disais : mais c'est, au contraire, le bon côté des courses. Ne voyez-vous pas que ce coursier, si magnifique en apparence, qui excitait l'admiration avant l'épreuve, acheté sans aucun doute pour sa beauté, n'eût créé que de faibles, de mauvais produits, tandis qu'après l'épreuve, dédaigné pour une beauté inutile, puisqu'il ne l'a pas soutenue par sa bonté, il ne sera pas d'un emploi fatal dans la propagation.

Sa propension trop prononcée pour les chevaux espagnols était une sorte de répétition de l'opinion du marquis de Newcastle, que « si, en matière de chevaux, les barbes étaient les gentilshommes, les genêts d'Espagne étaient les princes. »

Pourtant M. Pâquer, avec sa supériorité de connaissances hippiques, savait que le cheval de sang peut seul améliorer les races, le cheval de sang toujours supérieur dans les luttes équestres. Ainsi, dans le *Lycée Armoricain*, recueil auquel M. Pâquer a fourni de bons articles dans sa spécialité, il écrivait, en parlant de la race limousine, qu'il considérait comme la première race française :

« Elle commençait à reparaître avec ses beaux carac-
» tères, tels que l'élégance des formes, l'agilité, la sou-
» plesse et le nerf des mouvements, la noblesse dans
» l'attitude, une physionomie marquée par le regard et
» la mobilité des muscles de la face, qualités que les
» chevaux de sang peuvent seuls transmettre à leurs
» descendants. »

Comment donc récriminait-il contre les courses, qui révèlent si efficacement qu'aux chevaux de sang appartient

plus qu'à tous autres , la beauté réelle des formes mus-
culaires , beauté qui ne consiste pas dans l'empatement
trop admiré de la masse , lorsqu'elle se complaît à suivre
les contours qui la charment , tandis que l'homme de cheval, dédaignant une enveloppe trompeuse, examine les
ressorts et la charpente de cette admirable et intelligente
machine locomotive , dont chaque pièce a été formée par
la nature, avec plus ou moins de perfection , mais toujours avec cette harmonie et cette unité qu'en vain la
main de l'homme voudrait imiter. L'accord, l'ensemble,
la bonne direction, la solidité évidente , l'aplomb, la force
de ces pièces et de leurs attaches, dans la combinaison des
différents ressorts, des divers leviers, constituent le bon et
beau cheval, beaucoup mieux que cette enveloppe grais-
seuse, qui ne fournit que l'huile à la machine et en maintient
toutes les parties, en les préservant des atteintes exté-
rieures. Que cette machine animée soit essayée dans un
violent exercice, et vous connaîtrez sa solidité comme
son énergie : ce violent exercice, cette énergie, vous ne
les obtenez que dans les courses.

Dans une discussion sur ce sujet, je m'appuyai de l'o-
pinion la plus influente sur M. Pâquer, celle de Bourgelat, et de celle de l'ancienne Société d'Agriculture de
Bretagne, qui, en 1770, par l'organe de M. Leboucher
du Crosco, avait proclamé que, malgré la belle con-
figuration d'un cheval, on né pouvait véritablement
décider de ses qualités qu'à l'essai, et qu'il n'y en avait
pas de meilleure ni de plus infaillible que les courses
publiques (1); enfin, je dus, remémorant M. Pâquer,

(1) Les avantages nombreux des courses ont été signalés avec

lui dire qu'il les avait lui-même préconisées, en les signalant « comme une sorte de fête nationale dont » l'éclat et l'utilité tendent à ramener le goût du cheval, » sans lequel on ne peut être porté à élever ce pré- » cieux animal, et aussi comme un des moyens d'ap- » précier les individus capables de régénérer l'espèce. »

Après cette citation, j'ajoutai que je comprenais, toutefois, sa rancune: car c'en était une, et je dirai volontiers qu'elle était naturelle. Par ses anciens et honorables services, par son instruction profonde comme hippiatre, par son mérite incontestable comme écuyer, M. Pâquer avait des droits positifs à une fonction élevée dans les haras : il fut justement froissé de voir qu'on lui préférait des hommes qui lui étaient inférieurs en services et en talents et surtout moins complets comme homme de cheval; car il ne faut pas oublier qu'il était à-la-fois vétérinaire et écuyer, alliance peu commune

---

une parfaite vérité dans le *Traité de l'Entraînement et des Courses de Chevaux*, par M. Eugène Gayot, ainsi que dans l'excellent ouvrage de M. Ephrem Houel, que nous ne saurions trop recommander à tous les hommes qui prennent une part quelconque à l'intérêt de notre race chevaline. Cet ouvrage, publié tout récemment, a pour titre : *Traité complet de l'élève du cheval en Bretagne. Statistique hippique de la circonscription du dépôt d'étalons de Langonnet.*

Les courses sont aussi fort bien appréciées par le nouveau journal publié à Lorient, et intitulé : *Le Laboureur Breton*, comme elles le sont depuis long-temps, avec une persévérance à laquelle est due l'amélioration de nos races, par le *Journal des Haras* et les ouvrages de M. le comte de Montendre.

dans les haras, mais qui tend à le devenir par la fondation de l'école du Pin, devancée par M. Pâquer. De ce froissement résultait une opposition instinctive, qu'il avouait lui-même avec franchise, lorsqu'on la lui faisait apercevoir, mais qui au fond ne l'empêchait pas de donner son approbation tacite à l'institution des courses. J'en trouve la preuve dans la participation active et non interrompue de M. Pâquer aux courses de Nantes, comme membre du jury, depuis leur création.

J'ai parlé des services de M. Pâquer: pendant plus de trente années ils ont été consécutifs dans le département de la Loire-Inférieure. Aucun de nos concitoyens n'a, plus que lui, provoqué à l'amélioration et à la propagation des chevaux dans ce département. Comme il l'avait parcouru dans tous les sens, il savait mieux que personne que c'est une des contrées les plus favorables à l'élève des chevaux: il l'avait prouvé dans un écrit auquel j'emprunterai cette citation:

« Le département de la Loire-Inférieure a, dans sa
» dépendance, des coteaux, des vallons, des communs,
» des landes; la Loire, par ses nombreuses ramifications,
» y forme beaucoup d'îles, féconde des vallées, des prai-
» ries, de vastes marais, qui fournissent d'abondantes ré-
» coltes en fourrages et offrent de bons pâturages. La dif-
» férence de son sol, gradué de la lande au fond gras
» des marais, produit naturellement cette variété dans
» les formes et dans la taille des animaux qu'on y élève.
» Les chevaux de landes, dont le pied est solide, les
» membres secs, nerveux et rarement tarés, servent
» le riche fermier et l'indigent, qui les retirent de la

» pâture (où ils vivent toute l'année à la manière des
» chevaux sauvages), celui-là pour en faire sa monture,
» celui-ci pour les atteler devant ses vaches, ou pour
» aider ses bœufs trop débiles. Cette race, sobre comme
» celle des pays glacés du Nord, a fourni des indivi-
» dus d'une espèce et d'une haleine remarquables. Il
» est des pâturages avantageusement situés, où les che-
» vaux fins réussiraient parfaitement. Avant la révo-
» lution, la portion de la Bretagne qui forme le dépar-
» tement de la Loire-Inférieure, était au rang des cantons
» de la France qui produisaient les meilleurs chevaux.
» Ce département présente de précieuses ressources. »

Ces ressources, M. Pâquer les a souvent énumérées ;
car, dans ses nombreuses tournées comme vétérinaire,
il se montrait observateur éclairé.

Dans ses dernières années, l'art vétérinaire était de-
venu l'occupation presque exclusive de M. Pâquer. Fort
estimé de nos médecins eux-mêmes, il les appela maintes
fois à ses opérations, et plusieurs s'y rendirent avec em-
pressement, en lui laissant les témoignages de la plus
honorable approbation et d'une estime non moins honorable.

L'art vétérinaire était à-peu-près abandonné aux ma-
réchaux-ferrants, lorsque l'empereur essaya de le relever
en 1813. M. Pâquer fut nommé vétérinaire du département, fonction utile et laborieuse, dans laquelle son mérite, complétement exempt de charlatanisme, l'a fait con-
server jusqu'à sa mort. Il transmit à l'autorité un grand
nombre de rapports, notamment sur toutes les épizooties,
et entre autres sur l'épizootie de 1825, à la suite de

laquelle il reçut les éloges les plus flatteurs de l'administration.

Sa profession, nous l'avons assez montré, ne se bornait pas à la guérison des maladies; il l'agrandissait, il la considérait comme le moyen de concourir à l'amélioration de toutes les races des animaux domestiques destinés à l'usage de l'homme. Il l'exerçait avec cette vanité qui ne provient pas d'un ridicule amour propre, mais qui tient au sentiment de sa propre dignité et la relève aux yeux de tous. Il s'appuyait sur l'opinion de M. de Talleyrand pour exprimer le vœu que la médecine des animaux, appelée par Bernardin de Saint-Pierre la mère de la médecine humaine, fût réunie à celle-ci, et peut-être n'avez-vous pas oublié ces paroles prononcées par M. Pâquer dans l'une de vos séances : « N'en déplaise aux méti-
» culeux pour qui la similitude des deux sciences est
» humiliante, pour être bon physiologiste et naturaliste
» il faut entrer dans le sanctuaire de la science vété-
» rinaire. »

Notre aimable et spirituel docteur Pariset, qui tient à Nantes par les plus anciens et peut-être les plus doux souvenirs de sa vie, a dit récemment : « Notre orgueil s'en
» offenserait en vain! les animaux subsisteraient sans
» l'homme; l'homme ne saurait subsister sans les ani-
» maux. »

M. Pâquer n'a pu entendre ces paroles de M. Pariset; mais, comme lui, il avait étudié l'histoire de la science vétérinaire, et il éprouvait du bonheur à citer les hommes célèbres qui l'avaient mise en un honneur qu'on semble méconnaître de nos jours, cet honneur qu'il reportait jusqu'à Hésiode et Aristote. Xénophon lui semblait pouvoir être nommé avec quelque fierté dans l'art équestre ; et, après avoir mentionné Végèce comme le coordonnateur des ouvrages antérieurs des Grecs et des Romains, après avoir ensuite gémi sur la dégradation de la science de l'hippiatre, il se désolait avec amertume de son abandon, au xv.e siècle ; mais alors, disait-il avec fierté, si le maréchal-ferrant était le médecin des animaux, le barbier était le chirurgien des hommes : l'un valait l'autre ; mais, à mesure que la chirurgie reprit sa place, la vétérinaire retrouva la sienne et marcha sans cesse à ses côtés. Alors, M. Pâquer produisait avec admiration le nom de Bourgelat, Bourgelat, avocat distingué, renonçant au barreau pour soigner les chevaux, en devenant le véritable créateur de la science vétérinaire.

Je me souviens toujours de l'animation avec laquelle M. Pâquer, qu'il était difficile de faire sortir de sa froideur extérieure, lisait un jour le discours d'installation de l'École Vétérinaire d'Égypte, en 1833, ce discours où le scheick Hassan, chef de l'Islamisme, disait à ses élèves et aux Mameluks avides de l'entendre :

« Le trésor du brave, c'est le cheval sur lequel il s'é-
» lance pour courir à la chasse et voler au combat.
» Habile à le conduire, il se précipite sur l'ennemi,
» puis se dégage, puis revient à la charge, jusqu'à ce
» qu'enfin s'ouvrent pour lui les portes de la victoire.
» Le cheval, qui est la forteresse du brave, est aussi
» l'un des plus fermes appuis, l'un des compagnons les
» plus précieux de l'homme qui se livre aux travaux de

» la paix. A la suite de ce noble animal viennent d'au-
» tres espèces, que l'homme s'est pareillement appro-
» priées et qu'il fait servir à ses différents besoins ; or,
» la santé de tous ces êtres l'intéresse à un haut degré :
» il a donc fallu créer une médecine vétérinaire, comme
» on avait créé une médecine humaine. Fondées l'une et
» l'autre pour l'intérêt de l'homme et pour la conserva-
» tion de sa santé, elles durent être considérées comme
» deux sœurs jumelles, de même sang et de même im-
» portance. »

Voilà qui est bien, s'écriait M. Pâquer avec enthousiasme ! Voilà une leçon donnée par les barbares à notre
France si fière de sa civilisation !

Il faut, Messieurs, estimer l'homme qui tient en aussi
haute estime sa profession, et vous avez eu cette pensée, lorsque vous avez admis M. Pâquer dans les rangs
de la Société Académique, en 1815. Depuis son ad-
mission, il s'est montré l'un des membres les plus zélés
de cette Société, à laquelle il a communiqué : — en 1819,
un mémoire sur l'état des chevaux en France ; — en
1825, un rapport sur l'épizootie de cette même année ;
— en 1828, un second mémoire sur l'amélioration des
chevaux et de la race bovine ; — en 1835, une instruction vétérinaire et un rapport sur l'épizootie de Vertou ;
— en 1837, des considérations sur l'exercice de l'art
vétérinaire dans le département de la Loire-Inférieure ;
— en 1838, divers écrits sur l'amélioration des bestiaux, sur l'introduction de taureaux suisses dans les
départements de l'Ouest, sur l'emploi de la consoude
et de l'ortie comme fourrages ; — en 1840, quelques

autres manuscrits sur les chevaux ; — enfin , en 1841, un rapport sur l'espèce chevaline dans ce département, des observations sur plusieurs empoisonnements de bestiaux, et une notice sur l'espèce bovine.

En 1828, la Société royale et centrale d'Agriculture a récompensé les utiles travaux de M. Pâquer par une distinction honorable.

Il s'occupait de la rédaction d'un manuel vétérinaire, à l'aide des nombreux matériaux en ses mains, d'après ses propres observations, comme d'après nos plus célèbres vétérinaires, lorsqu'une maladie est venue l'arrêter dans ce travail et le conduire au tombeau.

Qu'il me soit permis, Messieurs, de me résumer en répétant ce que j'ai déjà dit ici, en rendant hommage à M. Pâquer. Il avait le rare avantage d'unir la pratique à une théorie appuyée sur les bases les mieux raisonnées de la science. Adepte enthousiaste de Bourgelat, c'était en même temps un excellent professeur d'équitation, c'est-à-dire qu'il rassemblait les qualités de l'homme de cheval et celles de l'artiste studieux.

Camille MELLINET.

Nantes, 1.er juin 1842.